BANQUET

DU

CANAL DE SUEZ

11 Février 1864

DISCOURS

DE

S. A. I. LE PRINCE NAPOLÉON

DE

M. DUPIN ET DE M. DE LESSEPS.

PARIS

IMPRIMERIE CENTRALE DES CHEMINS DE FER

DE NAPOLÉON CHAIX ET Cⁱᵉ,

Rue Bergère, 20, près du boulevard Montmartre.

1864

BANQUET

DU CANAL DE SUEZ

11 Février 1864

DISCOURS

De S. A. I. le Prince NAPOLÉON

DE M. DUPIN

ET DE M. DE LESSEPS.

Le 11 février 1864 restera comme une date mémorable dans l'histoire du canal de Suez. Cette journée avait été fixée pour la célébration du banquet offert par les actionnaires de la Compagnie universelle au président et aux membres de leur Conseil d'administration, à l'occasion de l'arrivée des eaux du Nil dans la mer Rouge par l'achèvement du canal d'eau douce.

La souscription s'était effectuée avec un empressement tel, qu'en moins de quinze jours, c'est-à-dire au 31 janvier, époque désignée pour la clôture des listes, près de quinze cents noms y étaient inscrits, et la commission s'est vue dans la pénible nécessité, par défaut d'un local suffisant, de refuser une quantité de souscripteurs qui certainement aurait doublé ce chiffre.

Sur l'autorisation gracieuse de l'Empereur, l'administration supérieure avait bien voulu mettre la plus vaste salle du Palais de l'Industrie à la disposition de la Commission chargée d'organiser la fête.

Le 11, dès 4 heures, la foule se pressait déjà aux portes du Palais des Champs-Élysées. Dès ce moment son affluence n'a point cessé. A 6 heures elle remplissait entièrement le vaste salon d'attente destiné à la recevoir, et que précédait un autre salon particulier réservé pour Son Altesse Impériale, où le prince était lui-même arrivé à 6 heures et demie.

A 7 heures seize cents convives étaient assis aux places qui leur étaient assignées selon les numéros d'ordre distribués à l'entrée.

Bientôt après, le Prince Napoléon venait prendre possession du siége de la présidence, accompagné de la Commission du banquet, des membres du Conseil d'administration et des principaux personnages invités par la Commission.

En cet instant la salle présentait un coup d'œil magnifique. L'assemblée a reçu le Prince debout. L'enceinte formée de tentures rouges était terminée au fond par un magnifique panorama de l'isthme de Suez exécuté sur les dessins de M. Buquet, ingénieur de la Compagnie, par le pinceau de M. Moinet, peintre de l'Opéra-Comique.

Sur l'un des côtés de cette enceinte s'étendait longitudinalement et d'un bout à l'autre, une première table à laquelle, par une combinaison ingénieuse, venaient se joindre dans le sens perpendiculaire dix-neuf autres tables séparées entre elles par un espace convenable pour le service, le tout formant à l'œil une table commune. La salle éclairée par le gaz de plusieurs lustres et de milliers de bougies resplendissait de lumière.

Mais sa plus splendide décoration c'était l'assemblée elle-même qu'elle réunissait dans son sein. Là, dans une seule pensée, dans une pensée de bien et de progrès, se mêlaient et se confondaient harmonieusement toutes les couches de la société française. A la droite du prince, M. Ferdinand de Lesseps, à sa gauche, M. l'amiral Jurien de la Gravière, et de quelque côté que le regard se portât, il rencontrait des visages illustres et connus, l'élite de l'art, de la politique, de l'administration, des lettres, des sciences de la guerre et de la paix. Là se trouvaient représentés le monde officiel et non officiel, et, nous pouvons le dire, toutes les opinions, toutes les croyances, toutes les professions : sénateurs, députés, conseillers d'Etat, membres du clergé, magistrats, officiers de tout grade de terre et de mer, administrateurs de tous ordres, diplomates, manufacturiers, négociants, financiers, artistes, avocats, médecins, agronomes, simples travailleurs de nos ateliers et de nos champs, et parmi ces derniers, quelques-uns venaient pour la première fois à Paris, afin de s'associer à cette manifestation en faveur d'une œuvre qui a de si profondes racines dans les entrailles populaires.

La presse ne pouvait demeurer étrangère à ces témoignages de sympathie pour une entreprise au succès de laquelle elle a tant contribué par l'appui incessant que dans sa presque unanimité elle n'a cessé de lui prêter. Aussi s'y était-elle amplement associée par les rédacteurs les plus distingués du *Moniteur universel*, du *Journal des Débats*, du *Siècle*, de *la Presse*, de *l'Opinion nationale*, de *la Patrie*, de *l'Union*, de *la France*, du *Charivari*, du *Mémorial diplomatique*, de *la Gazette de France*, du *Journal des Villes et des Campagnes*, de *l'Illustration*, du *Monde illustré*, du *Journal des actionnaires*, du *Crédit public*, du *Journal des Chemins de fer*, du *Moniteur industriel*, de *l'Univers illustré*, du *Journal des économistes*, de la *Revue coloniale*, de *l'Économiste français*, du *Petit Journal*, etc.

A la presse parisienne étaient venus s'adjoindre les représentants de *l'Avenir*, de Blois, du *Journal de Soissons*, l'un des correspondants de *l'Indépendance belge*, etc., etc.

L'opinion départementale n'a pas voulu rester en arrière de l'opinion parisienne. De nombreuses adresses avaient été envoyées par les actionnaires disséminés sur les divers points du territoire. Ces témoignages d'adhésion n'ont pas suffi au sentiment de nos provinces; des députations se sont formées jusque dans les villes les plus éloignées, pour se faire représenter au banquet. On a pu remarquer que dans les détails que nous avons donnés jusqu'ici nous avons évité les noms propres. Notre raison, c'est que dans une assemblée si considérable, composée de tant d'hommes distingués, ne pouvant tout citer, nous aurions été condamnés à des omissions ou à des oublis regrettables, et pour nous épargner ce regret en même temps qu'une presque impossibilité matérielle, nous avons procédé par masses et non par individus. Nous agirons de même pour les départements, et nous nous bornerons à citer les villes qui assistaient par des délégués ou des députations régulières à la solennité du 11 février. Cette nomenclature aidera à donner une idée de l'élan général

qui a secondé en France les promoteurs de la souscription.

Les villes dont nous venons de parler sont : Meaux,
Versailles, Gisors, Etampes, Rouen, Lyon, Dijon,
Blois, Marseille, Dunkerque, Orléans, Montargis,
Bourges, Bordeaux, Condom, Nantes, Saint-Germain-
en-Laye, Pithiviers, Saint-Lô, Crécy-en-Brie, Quincy-
Ségy, Amiens, Noyon, Beauvais, Senlis, Grenoble,
Moulins, Mirecourt, Verdun, Chauny, Saint-Etienne,
Périgueux, Soissons, Lons-le-Saulnier, Nancy, Ne-
vers, etc.

Des colons de l'île de la Réunion et de l'île Mau-
rice, colonies qui attendent, avec tant d'impatience,
le percement de l'isthme, et auxquelles l'ouverture
de cette route promet de si grands avantages, s'é-
taient également associés au banquet, comme expression de la sympathie de leurs populations ; l'une,
française par le fait et par le cœur ; l'autre, restée
française par le souvenir, comme elle l'est par l'o-
rigine.

La manifestation n'était donc pas seulement parisienne, elle était française et nationale au plus
haut degré. Par un autre groupe, elle prenait un
caractère encore plus universel. On y voyait, en
effet, un grand nombre de membres ou de représentants officiels de la plupart des nationalités étrangères : des Espagnols, des Italiens, des Autrichiens,
plusieurs illustrations polonaises, des Belges, des
Américains, des Orientaux, et parmi eux, le prince
Sidi-Mohammed-ben-Mustapha, neveu du bey de
Tunis, les ministres accrédités à Paris des républi-
ques du Pérou et de Vénézuela, un consul des
Pays-Bas, un consul de Prusse, et d'autres encore

que nous nous abstenons d'indiquer plus complète-
ment, parce que nous n'avons pu suffisamment nous
assurer de leurs titres.

Nous ne pensons pas que les annales du monde
présentent un autre exemple d'une réunion semblable à la fois par la diversité de ses éléments et par
son unité dans sa volonté et son but. C'est peut-être
un fait nouveau dans l'histoire, et c'est, ce nous
semble, un des signes les plus remarquables des
tendances de notre époque vers la confraternité des
peuples et des intérêts ; le projet du percement
de l'isthme aura l'honneur d'avoir été pour le
monde l'occasion et l'instrument d'un grand progrès
moral avant d'être le créateur d'un grand progrès
matériel.

Les membres du Conseil d'administration qui rési-
dent en France s'étaient fait un devoir de répondre à
l'invitation dont ils étaient l'objet. La plupart de ses
membres étrangers étaient venus de loin s'associer à
leurs collègues. Les membres du conseil judiciaire de
la Compagnie et ceux de son comité consultatif des
travaux étaient également présents.

Le prince Napoléon assis, le service du banquet a
commencé aux sons harmonieux de l'excellente mu-
sique du régiment de la gendarmerie de la garde
impériale. La joie et la cordialité animaient tous les
visages, et autour de nous nous avons entendu faire
cette observation que si l'on pouvait juger de l'esprit
d'une assemblée par le caractère général de sa
physionomie, celle-ci se présentait sous les traits de
la droiture sûre d'elle et de la plus bienveillante
solidarité.

Le banquet, toutefois, n'était pour cet auditoire

impatient que le prélude et l'occasion des discours qu'il venait entendre.

Au dessert, M. Millescamps, membre de la chambre de commerce de Paris et du conseil d'escompte de la Banque de France, s'est levé et a prononcé le toast suivant :

« Messieurs,

» Au nom de la Commission du banquet j'ai l'honneur de porter un toast :

» A S. M. l'Empereur,

» Au protecteur des nobles, des grandes entreprises !

» Parmi celles qui auront illustré son règne, l'histoire inscrira :

» Le percement de l'isthme de Suez.

» Messieurs,

» Remercions l'Empereur du puissant appui qu'il donne à notre œuvre.

» A la santé de l'Empereur,

» A celle de S. M. l'Impératrice,

» Et de S. A. le Prince impérial. »

Après ce toast salué des plus vives acclamations, l'illustre président du banquet s'est levé à son tour.

Le prince a été accueilli par une salve d'applaudissements, après laquelle, au milieu d'un profond silence, il a pris la parole.

Nous avions lu, mais nous n'avions jamais entendu les discours de Son Altesse Impériale. Pour nous donc comme pour la plus grande partie des assistants, l'évé-

nement avait le charme et l'inconnu de la nouveauté.
Nous savions par ses antécédents au sénat que le
prince avait les qualités de l'orateur, et si son auditoire attendait beaucoup de lui nous ne serons que
justes et vrais en disant qu'il a complétement satisfait
cette attente. Sa voix ample et sonore remplissait les
profondeurs de la vaste enceinte ; son geste est sobre
et simple, et comme les esprits nourris aux bonnes
sources, c'est sur la pensée, c'est sur la connaissance des choses dont il parle et non sur le cliquetis
plus ou moins artificiel des mots qu'il fonde l'autorité de son éloquence. Elle n'est ni pédantesque, ni
prétentieuse, ni recherchée ? Elle semble jaillir de
l'abondance de la conviction. Elle sait être familière
et elle sait s'élever. Elle est incisive et substantielle,
spirituelle et solide. Beaucoup de traits et peu de
périodes, de la vigueur, de l'élan, de la franchise et
un accent persuadé qui persuade.

Si la forme est simple, à en juger par ce que nous
avons entendu, le fond du discours n'est jamais
vulgaire. Il est plein, au contraire, et découvre de
nouveaux aperçus dans des questions qui semblent
épuisées. Il discute et ne dogmatise pas. Il cause et il
ne prêche pas. C'est en un mot l'orateur d'action qui
paraît avoir peu d'estime pour le rôle d'orateur pom-
peux. C'est ainsi du moins qu'il nous a paru dans cette
allocution du banquet où pendant une heure un quart,
le prince Napoléon a tenu seize cents personnes pal-
pitantes et enthousiasmées sous sa parole. Le succès
qu'il a obtenu a été éclatant, unanime, et il s'est
manifesté par des interruptions presque continues
d'applaudissements. Un journal a dit que si la
cause du canal de Suez était à gagner, après ce

discours elle serait gagnée. Nous sommes tout à fait de cet avis, car jamais le bon sens, la vérité des choses et le tact des affaires ne s'est fait entendre dans un langage plus net et plus ferme en même temps que plus conciliateur de tous les intérêts légitimes. C'est donc un service que le prince vient de rendre au canal de Suez, et nous osons ajouter que c'est une belle et une bonne action qu'il vient de faire. Par nous ne savons quel prestige le sens national semblait s'être tout à coup perverti ou évanoui dans le jugement de quelques hommes qu'on croyait devoir en être les gardiens naturels. L'opinion publique n'en avait pas été ébranlée, mais elle en avait été affligée et déconcertée. Le prince Napoléon vient de relever les principes, de rendre au patriotisme français l'intégrité de son auréole, de replacer les questions sur le terrain de la sincérité et du droit.

Voilà ce que nous pensons de son discours, et il ne nous reste plus qu'à le soumettre à nos lecteurs pour qu'ils puissent, à leur tour, prononcer sur la justesse de notre jugement.

DISCOURS

de S. A. I. le Prince Napoléon.

Messieurs,

Je propose un toast que vous porterez avec autant de plaisir, avec autant d'enthousiasme que moi : *A la Compagnie de l'isthme de Suez !* (Applaudissements.)

Permettez-moi, messieurs, d'entrer dans quelques développements ; je m'y crois autorisé par le caractère même de notre réunion ; je la considère presque comme une fête de famille.

Vous venez d'obtenir votre premier et grand succès matériel : le canal d'eau douce du Nil à Suez est terminé. Ces rivages arides viennent, par l'intelligente activité des agents de la Compagnie, de recevoir l'eau qui leur manquait ; c'est non-seulement un bienfait immense pour un des ports où doit aboutir le canal maritime ; mais la Compagnie y trouve un instrument indispensable pour l'achèvement de la grande œuvre qu'elle a entreprise : le canal d'eau douce est le préliminaire nécessaire du canal maritime.

Vos ennemis ont voulu faire coïncider un échec moral avec votre succès matériel. (Oui ! oui ! c'est vrai !) C'est pour répondre à cette attaque que nous nous réunissons ici. Pour ma part, je le déclare : j'aime ces errements, ces habitudes d'un pays libre, où l'on vient parler de ses affaires à la face de tous, au grand jour, pour les exposer devant ses ennemis comme devant ses amis, et appeler sur elles les manifestations de l'opinion publique.

Vous m'avez fait, messieurs, votre comité m'a fait le grand honneur de me proposer la présidence de cette assemblée, et je l'ai acceptée avec reconnaissance. Mais permettez-moi de vous dire tout mon sentiment, car je crois qu'ici nous ne devons rien dissimuler. (Non! non! — Bravo!)

Avant de visiter l'Egypte, un sentiment sympathique m'attachait à votre entreprise. J'étais bien disposé pour elle. Aujourd'hui que je l'ai vue de près, je lui suis complétement acquis. Il y a quelques mois, je suis allé en Egypte; j'ai voulu étudier de près l'exécution de vos travaux et les apprécier par moi-même. Avant d'avoir vu, j'espérais, maintenant, je crois. Ce qui n'était qu'un espoir est devenu une certitude. Permettez-moi de m'en féliciter avec vous. (Applaudissements.)

Comme je crois que chacun doit parler avec une entière franchise, j'aime à dire toute ma façon de penser.

Je ne blâme pas ceux qui, ayant des positions élevées dans l'Etat, prennent un intérêt dans les affaires industrielles qu'ils peuvent être appelés à juger; je ne jette pas un blâme sur eux, mais je tiens à constater que je ne les imite pas; ce qui, assurément, n'ôte rien aux sympathies qu'elles m'inspirent, mais me rend plus indépendant vis-à-vis de mes convictions. Je ne suis intéressé dans aucune entreprise d'aucun genre (bravo! bravo!); je ne le suis même pas dans la vôtre, qui m'est si sympathique.

Il y a quelques années, dans l'héritage de celui qui fut mon père, et plus que mon père, mon ami, je trouvai cent actions de la Compagnie de Suez : je n'ai pas voulu les garder un seul jour. Je crus, et je m'en félicite, que dans certaines positions il faut être aussi détaché que possible de tout intérêt personnel, et que l'examen des grandes affaires ne peut qu'y gagner, non-seulement pour soi — je ne me permets de douter de l'honorabilité de personne — mais à cause de l'effet que cela peut produire sur l'opinion publique. (Très-bien ! très-bien !) Rappelez-vous ce mot de l'antiquité : « La femme de César ne doit pas même être soupçonnée. » (Très-bien ! très-bien !)

Je vous demande pardon de cette digression, peut-être un peu présomptueuse sur ma position personnelle, mais j'ai cru qu'il fallait tout vous dire aujourd'hui ; à présent, je ne veux causer avec vous que de la grande entreprise de Suez.

Elle m'a toujours frappé, parce que c'était la première grande œuvre nationale, entreprise à l'étranger avec les seules forces de l'initiative individuelle, avec un dévouement, une persévérance comme on n'en avait pas encore vus, et sans aucune espèce d'attache gouvernementale ; c'est là ce qui m'a surtout séduit. (Très-bien ! très-bien !) Je me plais à constater avec quelle honnêteté elle a été conduite. (Applaudissements redoublés.)

Est-ce que je trouve mauvais qu'on cherche à s'enrichir dans les affaires ? Non, mais il faut gagner sur les affaires elles-mêmes, et jamais sur ceux qui les font. (Très-bien ! très-bien !) Eh bien, c'est ce qu'il y a de profondément honnête, c'est ce qu'il y a de beau, de remarquable, c'est ce qu'il y a d'incontestable et de spécialement louable dans la grande et magnifique entreprise dont il s'agit ; nous ne l'avons pas vue, depuis sept à huit ans que vous vous en occupez, donner lieu à ces fortunes scandaleuses faites en un jour, que la morale publique réprouve, et réprouve à juste titre. (Longs applaudissements.)

Quoi qu'on en puisse dire, il faut que les capitaux se gagnent par un travail sérieux, par le temps et non par des spéculations, trop souvent au détriment de ceux qui entrent dans les affaires et n'ont pas l'avantage de savoir les faire eux-mêmes. (Très-bien ! très-bien !)

Je vais vous dire aujourd'hui ce que j'ai vu par moi-même... Je vous demande pardon, je crains d'être un peu long. (Non, non ! Parlez ! parlez !)

Eh bien, qu'est-ce que j'ai vu?... J'aime à donner avant tout un éloge, et un éloge bien mérité, à mon ancien ami, à celui qui a été le fondateur, le propagateur, et surtout l'habile directeur de cette grande œuvre, à mon ancien et bon ami, M. Ferdinand de Lesseps. (Bravo! bravo! — Quelques cris : Vive M. de Lesseps !)

J'ai vu, en Egypte, messieurs, ce que souffrent vos agents, combien leur œuvre est difficile et pénible... — Ici, messieurs, il est très-facile de causer de l'isthme de Suez, nous sommes bien assis dans de bons fauteuils, nous avons bien dîné, un peu froidement peut-être (rires), mais enfin ce n'est pas la faute de la Compagnie, c'est la faute du temps (nouveaux rires), — mais quand je suis allé sur les lieux, quand j'ai vu vos agents, — c'est-à-dire nos agents, car ils ne sont pas les agents de la Compagnie seulement, ce sont ceux de la France, ces ingénieurs du corps impérial des ponts et chaussées, momentanément mis à votre disposition, — quand je les ai vus diriger les travaux avec cette habileté qui n'appartient qu'à eux, quand je les ai vus, par 40 et 45 degrés de chaleur, buvant de l'eau saumâtre, mangeant du biscuit, couchant dans le sable brûlant ; quand je les ai vus souffrir ce qu'ils souffraient (et cela, non pas dans l'intérêt de l'affaire, car vous les payez bien ; mais vous ne les payez pas d'une manière exagérée, sans doute ; vous faites vos affaires convenablement), j'ai reconnu que ce qui les soutenait, c'était cet esprit, ce sentiment qu'on rencontre toujours chez les Français, quand il s'agit d'une grande œuvre ; c'était le moral qui soutenait le physique. Ces hommes dévoués, je me plais à leur rendre ici un éclatant hommage.

Ah ! parce qu'ils sont loin de nous, ne les oublions pas, messieurs. (Vive sensation.) J'ai trouvé parmi eux les Voisin, les Sciama, les Laroche, les Larousse, et tant d'autres qui illustrent la France sur cette terre d'Egypte ; j'y ai trouvé non-seulement les ingénieurs, mais les contre-maîtres, mais tous ces ouvriers dévoués qui mettent tout leur cœur, tous leurs bons sentiments au service de leurs devoirs...... Ah ! messieurs, parce que vous êtes ici, et que vous êtes à la tête de ces hommes, ne les oubliez pas, et qu'un souvenir de Paris, de la patrie éloignée, aille réchauffer leur cœur, bien que leur cœur n'ait pas besoin d'être réchauffé. (Sensation, vifs applaudissements.)

Si je vous rappelle ce qui se passe en Egypte, messieurs, c'est que la plupart d'entre vous n'y sont pas allés. Qu'ils veuillent bien me permettre de leur dire ce que j'ai vu. Je ne saurai peut-être pas vous en faire un tableau assez frappant.

Quand j'ai vu les travailleurs égyptiens, qu'on vous représente si faussement comme maltraités par nous ; quand j'ai vu cette fourmilière d'hommes, grands, élancés, maigres, bruns de peau, sous un soleil ardent, un peu décharnés, pour la plupart très-jeunes, montant sur des buttes de sable pour creuser le canal, je me suis rappelé l'ancienne Egypte, et je lui ai comparé le présent avec orgueil, et cet orgueil, vous le partagerez. Je me disais : Cette terre d'Egypte est bien curieuse, elle est bien singulière ! Non-seulement elle conserve les monuments, mais on dirait d'un climat conservateur par excellence, conservaleur des mœurs presque autant que des monuments. Eh bien ! mon âme se réjouissait, mon esprit s'agrandissait à la pensée que ce pays qui pour le despotisme avait construit de beaux monuments, qui s'appelaient les tombeaux des rois, les Pyramides, monuments de vanité et de tyrannie autant que de grandeur ; que ce pays, aujourd'hui qu'il n'est plus gouverné par des Pharaons, se livre à des travaux utiles et exécute, sous la direction des Français, le canal de l'isthme de Suez, qui sera une des grandes œuvres de l'humanité ; ce canal qui réunira l'Occident à l'Orient et rendra les peuples plus solidaires les uns des autres. (Très-bien ! très-bien ! Applaudissements.)

Et, à cet égard, je me rappelais la prospérité de l'ancienne Egypte. On pourrait presque calculer cette prospérité, selon le plus ou moins d'activité avec laquelle le courant du commerce européen, entre l'Occident et l'Orient, emprunte la route de l'Egypte. Le Caire a été une grande ville qui a tenté l'ambition des Arabes, il y a douze cents ans, bien avant la découverte du cap de Bonne-Espérance, et, depuis quatre cents ans, depuis la découverte de ce cap, l'Egypte a baissé, parce que le commerce a pris le chemin de ce grand détour que vous voulez lui épargner à l'avenir. L'intérêt de l'Egypte, la prospérité du commerce du monde consiste à reprendre la route de l'Egypte. Tant qu'il y a passé, l'Egypte a été prospère ; quand il s'en est détourné, elle est tombée.

J'avais donc raison de dire que votre œuvre est non-seulement une œuvre française, mais une œuvre humanitaire accomplie par le génie français. (Applaudissements.) C'est rester dans le vrai et ne rien exagérer.

A présent, messieurs, permettez-moi d'entrer dans l'historique de votre affaire.

Vous avez passé des contrats avec Saïd-Pacha, prince spirituel, un peu enthousiaste, très-irrésolu, sachant peu, mais confiant et laissant faire quelquefois un homme qui s'y entendait, mon ami M. de Lesseps. Saïd meurt; Ismaïl monte sur le trône. En général, les successeurs aiment peu à faire ce que faisaient leurs prédécesseurs: c'est l'histoire du monde, ce n'est pas une critique contre Ismaïl-Pacha.

Je me plais à le dire ici : S. A. Ismaïl-Pacha s'est très-bien conduit. C'est un prince instruit, capable, ordonné, plus régulier et plus sage que les Orientaux en général, et qui a été élevé à Paris. Il a commencé par régler ses dettes avec la Compagnie. Cela est quelque chose, car il devait de 78 à 80 millions. Ses dettes réglées, il a regardé les travaux du canal, il les a encouragés, développés.

Pourquoi faut-il qu'à côté de ces éloges que je me plais à lui donner, tout d'un coup sa conduite ait changé? Pourquoi? Je vais le dire; j'entrerai dans tous les détails, et je prononcerai les noms propres quand ce sera nécessaire, parce que je n'ai rien à cacher. (Mouvements de curiosité.)

Un de ses secrétaires, un homme capable, je mets un certain amour-propre à dire qu'il est capable, car nous avons été élevés ensemble pendant deux années ; j'ai été très-étonné de retrouver sur les bords du Nil un de mes condisciples avec lequel j'avais travaillé et joué quand j'étais en exil en Suisse : il s'agit de Nubar-Pacha.

Nubar et moi, nous avons été élevés dans la même pension près de Genève. Il est devenu pacha, l'ami du vice-roi, et moi, je suis devenu autre chose que vous savez (Sourires), et nous nous sommes retrouvés, fort étonnés l'un et l'autre de nous rencontrer sur les bords du Nil.

Le vice-roi, changeant de conduite, envoie Nubar à Constantinople. Je crois que je pourrais vous éclairer sur sa mission à Constantinople ; je crois même que je pourrais vous donner beaucoup de détails. Mais je me suis imposé le devoir de ne parler que des affaires de l'isthme, des affaires qui peuvent vous intéresser directement.

Le vice-roi a eu une idée que je ne vous dirai pas, idée louable et fort honorable que je ne blâme pas et qu'il a voulu faire triompher à Constantinople. Il a trouvé un homme intelligent pour exposer ses idées, et il l'a envoyé à Constantinople.

Une fois là, Nubar a vu que pour obtenir quelque chose des Turcs, c'était difficile toujours, mais qu'il fallait avant tout beaucoup promettre, quelquefois donner, surtout promettre. Il n'avait pas grand'chose à donner ; il pouvait beaucoup promettre ; il avait l'isthme de Suez dans son sac ; il promit l'isthme de Suez. (Rires et applaudissements.)

Il a dit aux Turcs : Il y a quelque chose que je désire beaucoup. On lui a répondu : Il y a quelque chose que nous désirons beaucoup aussi, c'est l'isthme de Suez. Ce diable d'isthme nous embarrasse tous ; donnez-nous-le, et nous vous donnerons ce que vous désirez. Mais il faut se montrer méchant pour l'isthme, et on s'est entendu pour agir contre votre Compagnie et contre les intérêts français. Alors, avec cette finesse que je reconnais chez les Orientaux, ils ont bien vite apprécié la situation, et ils se sont dit : Non, la Porte n'est pas assez forte pour vaincre l'isthme ; l'Angleterre n'est pas assez forte pour vaincre l'isthme. (Non ! non ! — Bravos prolongés.)

Que faut-il faire? Ah ! ils se souviennent alors de ce vieil adage, qu'ils ont trouvé dans la politique africaine, dans les antécédents du grand homme de l'Afrique : *On ne peut vaincre Rome que dans Rome.* Ils se sont dit : On ne peut vaincre la France qu'en France, allons à Paris. (Applaudissements.)

C'est un hommage que Nubar a rendu à la puissance de notre pays, à l'opinion publique française. Il a compris que ce n'était pas de Constantinople, que ce n'était pas d'autre part que l'on pouvait avoir de l'influence sur l'opinion publique française. Il est venu ici, que faire? Essayer de mettre le désordre parmi nous, et c'est ici que nous le combattons. (Très-bien! très-bien!)

Quelles ont été, messieurs, ses lettres de recommandation?

Ai-je besoin de le dire? Ses lettres de recommandation ont été des lettres de crédit sur des banquiers anglais. (Bravo! bravo!) Son argent de poche, de quoi se composait-il? De livres sterling et non de napoléons d'or. (Rires et applaudissements.)

Il arrive ici, et mettant en œuvre cette politique orientale souvent employée, et malheureusement trop souvent habituée à réussir, il cherche, il sonde, il espère triompher par des moyens que je ne qualifie pas. Je ne soulève pas certains voiles, il est des choses que je ne veux pas croire quand il s'agit de mon pays.

Soit! il n'a pas réussi, ou du moins je veux le croire, il n'a pas réussi par de mauvais moyens. Mais, venant ici pour s'éclairer auprès des maîtres du savoir, et des maîtres en l'art de faire (sourires), il les consulte et puis il se dit : Les mauvais moyens ne suffisent pas pour porter le désordre dans l'opinion française, pour combattre la Compagnie; usons des moyens qu'on m'a conseillés.

Pour agir sur ce pays-ci, il faut le séduire, lui faire illu-

sion. Pour cela, que faut-il? Faire appel aux idées généreuses, aux nobles sentiments ; et alors il a mis en avant
le droit, qui a toujours une si grande et si légitime influence sur les idées et les cœurs français; et puis, pour
exciter les sentiments généreux et libéraux, il a parlé de
l'émancipation des fellahs, de l'abolition de la corvée.
(Très-bien ! très-bien !)

Discutons ces deux points : le droit d'abord, l'abolition
de la corvée ensuite, et ainsi que je l'ai dit en commençant, déchirons les voiles pour être à notre aise. (Bravo !
bravo !)

Ceux qui soutiennent nos ennemis, et par nos ennemis
je veux désigner les ennemis de la grande œuvre que
vous faites, les ennemis d'une idée française, que disent-
ils? Ils n'attaquent pas le canal... Oh! non! non! le canal,
ils le veulent comme nous, plus que nous!

Seulement, ils commencent par ruiner la Compagnie;
c'est pour le bien du canal. (Rires approbatifs.) Ils commencent par ruiner la Compagnie, ils crient contre la corvée, cette abominable corvée, comme si nous l'aimions plus
qu'eux; ils calomnient nos honorables ingénieurs, ils ré-
pandent les allégations les plus fausses, en disant que
les ouvriers sont conduits au travail à coups de bâton et
avec des menottes... Ah! ceux-là ne connaissent pas les
agents français! Ils les calomnient, et ils méconnaissent le
bon sens autant que la bonne foi quand ils imputent de
pareils faits à nos ingénieurs, à l'élite de cette grande
Ecole polytechnique qui est l'orgueil de la France. (Bravo !
bravo!) Quand ils viennent les salir ainsi, en leur jetant
la boue à la figure, leur audace doit être confondue, nous
devons leur répondre avec chaleur et conviction. (Bravo !
bravo!)

Poursuivons, messieurs. Les adversaires de l'entreprise disent : Ce n'est pas l'entreprise que nous combattons ! mais c'est pour le bien de l'entreprise que nous commençons par la ruiner, par calomnier tous ses agents; si nous voulons la rendre impossible, c'est pour qu'elle triomphe mieux. (Rires.) Ah!, ils n'ont pas même le bénéfice de l'invention. Ces messieurs, ils ont pris pour modèle une célèbre et exécrable institution dont ils suivent les traditions : ce modèle, vous le savez tous, il se nommait l'Inquisition ! Quand elle torturait, quand elle brûlait le patient, c'était pour le bien de son âme, l'Inquisition sauvait le pécheur malgré lui, voilà ce que vos calomniateurs veulent faire. (Bravo ! bravo !)

Je continue.

Nubar, qui s'y connaît, a voulu faire germer et développer, dans l'esprit français, les deux sentiments sur lesquels il s'appuie, et qui ont certainement une grande valeur : le droit et l'abolition de la corvée.

Permettez-moi d'approfondir un peu ces deux questions avec vous.

Le droit de la Compagnie vis-à-vis de la Porte, je ne m'en occupe pas, cela ne vous regarde pas. Vous avez des traités conclus avec qui? avec le vice-roi. Or, de deux choses l'une : je ne suis pas un légiste, et ma tâche devient en ce moment épineuse, surtout à côté de mon illustre et honorable collègue (le prince se tourne vers M. le procureur général Dupin); mais enfin j'ai mon bon sens; je juge avec mon bon sens. Eh bien! je me dis : S'il est quelqu'un au monde qui ne puisse invoquer le droit de la Porte contre la Compagnie, c'est le gouvernement égyptien. Qu'a-t-il fait le gouvernement égyptien? Il a fait des traités avec vous; ces traités ont été exécutés par lui complétement jusqu'ici. C'est à son honneur, mais à une condition, c'est qu'il continue. (Très-bien! très-bien!)

Depuis huit ans, c'est lui qui fournit les travailleurs, qui les transporte, qui les surveille, qui vous donne les moyens d'exécution, qui vous aide de toutes les façons imaginables. Eh bien! aujourd'hui, après avoir tout fait avec vous, tout, absolument tout, il vient vous dire : Je me suis trompé; ce que j'ai fait, j'ai eu tort de le faire. Vous avez dépensé quarante millions de l'argent de la France, que voulez-vous? c'est de l'argent mal dépensé; je m'arrête, et je m'arrange avec mon suzerain de manière à vous le faire perdre.

Cette conduite, messieurs, je ne veux pas la qualifier, car si je la qualifiais, je le ferais très-sévèrement. J'aime mieux croire qu'il y a malentendu entre les instructions que le vice-roi a données et la Compagnie. Tenir une semblable conduite serait inouï; car enfin, je le constate : s'il y a quelqu'un au monde qui ne puisse pas faire valoir le droit de la Porte, qu'il a dénié jusqu'ici, c'est le gouvernement égyptien; ou il savait qu'il avait besoin de l'autorisation de la Porte, avant de commencer les travaux, et qu'il ne l'obtiendrait pas; alors pourquoi a-t-il laissé faire les travaux? pourquoi vous a-t il fait engager votre argent d'abord, l'honneur de la France ensuite, qui est plus que de l'argent (Bravo! bravo!), car notre honneur est engagé aujourd'hui, ce serait un échec moral que je ne veux pas prévoir pour mon pays, si cette grande entreprise était abandonnée. Ou bien le gouvernement égyptien savait que ce qu'il faisait n'était pas illégal, qu'il pouvait le faire, et il a bien fait; qu'il continue. Pour bien juger, examinons le fait et les théories : l'Egypte connaît Constantinople, les vice-rois connaissent la politique ottomane, ils savaient que ce qu'ils faisaient, ils avaient le droit de le faire; et, dans ces pays, rien n'est plus élastique que le droit : le droit est toujours dominé par le fait. Le vice-roi, l'ancien comme le nouveau, savaient à merveille que quand les faits sont accomplis, la Porte les accepte bien souvent, pour ne pas dire toujours, après les avoir contestés.

A cet égard, permettez-moi une excursion sur la politique de la Porte, puisque c'est le nœud de la situation, puisque c'est derrière la Porte que l'on cherche à créer des obstacles à l'achèvement du canal. Je ne voudrais rien dire de trop méchant contre la Porte, quoiqu'on me reproche quelquefois de parler trop légèrement des gouvernements étrangers. (Rires.) J'ai un patriotisme très-chaud, qui ne se laisse pas mesurer quand il s'agit de no're chère France, et peut-être ai-je le tort de me laisser entraîner à dire la vérité, quand je parle des gouvernements étrangers; mais il ne s'agit pas de la politique, ici, nous nous occupons purement d'affaires.

Je parlerai du gouvernement ottoman avec tous les égards qui lui sont dus. Je ne peux, je ne veux pas oublier que le sang généreux et pur des enfants de la France a coulé pour la Turquie; mais elle ne devrait pas l'oublier non plus (Très-bien! très-bien!) Eh bien! cette Turquie, qu'est-elle? voyons. On vient nous parler du droit strict de la suzeraineté de la Porte sur l'Egypte. Mais ce droit est-il applicable ici? Messieurs, si vous aviez besoin d'un exemple, je le prendrais ici même et je dirais : Si M. de Lesseps, président de la Société du canal de Suez, n'avait pas, avec sa connaissance approfondie des hommes et des choses de l'Orient, agi comme il l'a fait, à l'heure qu'il est, au lieu d'avoir le canal d'eau douce terminé, et le canal maritime très-avancé, car il est vivement exécuté, vous auriez beaucoup de notes diplomatiques, vous auriez des monceaux de papiers (on rit); mais rien ne se serait fait. Eh bien, je le répète, grâce à sa connaissance profonde des hommes et des choses de l'Orient, M. de Lesseps s'est dit: Il faut agir avec le droit, mais avec le droit oriental, qui n'est pas le droit français. (Rires et applaudissements.)

En Orient, le fait domine le droit. Si je voulais chercher une comparaison, elle s'offrirait tout naturellement à mon esprit; je veux ménager toutes les opinions, toutes les tendances; je vous dirai cependant que le sultan ressemble à un autre souverain temporel et spirituel que je ne veux pas nommer, pour qui la théorie est absolue, qui proteste toujours, qui ne veut jamais fléchir; mais enfin cette politique orientale, il faut la prendre pour ce qu'elle est et pour ce qu'elle vaut : le sultan est souverain absolu; il est ou plutôt il se dit, souverain de droit à Tunis, à Tripoli, en Égypte, en Arabie, que sais-je? Je ne sais pas s'il n'a pas la prétention d'avoir encore un droit quelconque sur l'Algérie (hilarité). Il est exactement comme ces gens qui protestent toujours et se disent : On ne sait pas ce qui peut arriver, nous aurons réponse à tous les arguments en réservant toujours un droit que nous ne voulons pas abandonner.

Maintenant, à côté du droit, il y a le fait. Je n'ai pas besoin de parler de l'Algérie, ce que j'ai dit n'est qu'une plaisanterie. En fait, le sultan est peu souverain à Tunis, il l'est peu à Tripoli; en Egypte, il ne l'est pas du tout; en Arabie, si un soldat s'éloigne à deux cents pas, il reçoit des coups de fusil. La souveraineté de la Porte n'est pas trop solide chez elle-même.

Parlerai-je des traités de 1841, qui règlent les rapports

entre la Porte et l'Egypte? Je les avais lus, ces traités; je les ai relus avant le banquet. Qu'est-ce qu'on y trouve? Un état de choses qui n'est pas exécuté. Il y est dit, entre autres choses, que le vice-roi d'Egypte n'a pas le droit d'infliger la peine de mort; et on sait que, quand il veut se débarrasser de quelque sujet plus ou moins désagréable, on lui fait remonter le Nil dans une barque vers le Soudan. Il tombe dans le fleuve et on dit qu'il s'est noyé. (On rit.) Tout le monde est ainsi satisfait, les traités et le gouvernement égyptien.

Le vice-roi n'a pas le droit de nommer un pacha : qu'est-ce qu'il fait? Il nomme un bey; un bey est une sorte de colonel, seulement il lui donne le rang et les droits de pacha, ce qui équivaut à un général, et le droit se trouve d'accord avec le fait. (Nouveaux rires.) Je demande que pour le canal ce soit la même chose. (Trèsbien, très-bien !)

Que la Porte proteste si cela fait du bien à sa situation politique, mais que cela ne vous empêche pas de faire le canal. Persévérez, vous avez le droit pour vous. Vous avez des traités avec le vice-roi; on a beau vouloir les briser, la rupture d'un contrat ne dépend pas de l'une des parties seule. Exigez-en l'application, il n'y a pas de danger.

On s'appuie sur l'Angleterre. Eh bien, parlons de l'Angleterre, quoique ce soit une question délicate et la plus désagréable à traiter, j'en conviens; mais, cependant, en y mettant beaucoup de mesure et de franchise, je finirai par dire ce que je pense.

D'abord, quand bien même ma franchise devrait déplaire à quelques-uns d'entre vous, je n'entends absolument rien dire contre la nation anglaise, et je fais toujours une grande différence entre cette puissante nation qui m'attire... Oui ! que voulez-vous ! il y a un mirage qui me plaît beaucoup de l'autre côté du canal, c'est le mirage de la liberté que j'aime tant, et qui m'attire !...

De toutes parts : Le mirage de la liberté ! (Applaudissements redoublés.)

S. A. I. LE PRINCE NAPOLÉON. — Oui, c'est le mirage de la liberté ! (Nouveaux applaudissements.) Je l'aime, cette liberté, je l'aime chez tous ceux qui la pratiquent.

Mais, à côté de la nation anglaise et de l'opinion anglaise, il y a le gouvernement anglais. (Ah ! ah ! écoutons, écoutons !)

Ne soyons pas trop sévères, même pour le gouvernement anglais. Il est défavorable à votre entreprise. Je ne dirai pas que c'est tout simple, je le désapprouve, mais je le comprends. Il ne vous attaque pas ouvertement ; il aime, dans ce cas, à se servir de moyens plus ou moins détournés. Une opposition ouverte, ne la craignez pas de lui ; il n'a jamais fait de notes diplomatiques, vous n'en trouverez pas une seule ; il a toujours mis la Porte en avant. Mon Dieu, je lui en fais un mérite. Mais il y a une explication pour la politique anglaise.

Savez-vous où je la trouve ? ce n'est pas dans le *Blue-Book*, c'est dans le *Peerage*, où vous savez qu'on trouve l'âge de tous les lords de l'Angleterre. Quand on ouvre le *Peerage*, et qu'on voit que les nobles lords qui sont au pouvoir ont soixante-dix, soixante-quinze, quatre-vingts ans, on comprend mieux qu'à côté de leur vieille expérience, ils aient le cœur un peu froid ; on comprend le calme de leurs sentiments pour les causes les plus généreuses. (On rit.) On s'explique que l'aristocratique Angleterre soit venue dire à la face de l'Europe, qu'elle ne donnerait ni un homme ni un shilling pour les causes les plus

grandes et les plus justes, pour l'Italie, pour la Pologne.
(Bravo! bravo! — Applaudissements.)

Ne croyez donc pas, messieurs, que ce même gouvernement en vienne jamais jusqu'à l'*ultima ratio* pour combattre une cause parfaitement juste. Ne vous imaginez pas que l'Angleterre viendrait combattre contre l'isthme de Suez! Allons donc! ce sont là des arguments, ce ne sont pas des raisons, cela n'est pas vrai, et c'est ici que j'aime à rappeler la distinction que je faisais tout à l'heure entre le peuple anglais et son gouvernement. Le gouvernement anglais, qui a abandonné des droits basés sur l'histoire et les traités; le gouvernement anglais, qui aura peut-être des remords pour avoir fait défection à ces deux grandes causes que j'indiquais tout à l'heure; le gouvernement anglais, qui a abandonné cette noble cause de la Pologne, oserait entraîner son pays dans une guerre à cause du canal de Suez? Allons donc! Voulez-vous que je vous dise toute ma pensée? S'il l'osait (il ne l'osera jamais), ce n'est pas nous qui aurions à nous défendre contre lui, c'est lui qui aurait à se défendre contre le peuple anglais. Il tomberait sous son mépris, sous ses risées. (Bruyants applaudissements.) Cela n'est pas sérieux.

Je me résume. Vous avez un droit incontestable, vous le tenez de l'Egypte, continuez vos travaux. Vis-à-vis de la Porte, vous n'avez rien à voir, cela ne vous regarde pas; c'est la question politique, et quand la Porte voudra faire soutenir ce qu'elle croit son droit par des actes, ce sera affaire à discuter. Quant à cet épouvantail de l'Angleterre, ne vous en préoccupez pas. Vos ennemis, vos adversaires peuvent parler de cela. Quant aux hommes du canal, ils n'ont pas à s'en préoccuper, et je défie le gouvernement de ce grand pays d'Angleterre d'entraîner la nation dans une hostilité sérieuse contre le canal. (Très-bien ! très-bien !)

Je reprends mon historique de la mission de Nubar-Pacha. Arrivé à Paris, et se basant sur des irrégularités (je crois avoir prouvé et indiqué que ces irrégularités n'existent pas, et que si elles existaient, il serait interdit à l'Egypte plutôt qu'à tout autre de les faire valoir), s'appuyant sur ces irrégularités, il est venu vous faire trois propositions. Il vous a proposé de faire le canal d'eau douce : le canal d'eau douce est fait, c'est pour cela, probablement, qu'il vous a proposé de le terminer. Il vous a demandé l'abandon des terrains, moyennant indemnité. Enfin, il vous a proposé l'abolition de la corvée, l'abolition, non, je me trompe. Il vous a proposé de la réduire de 20,000 hommes à 6,000 hommes.

Eh bien, admettons, ce qui n'était pas possible, que ces propositions eussent été acceptées par vous, et jetons un coup d'œil vers l'avenir ; car l'homme d'Etat, et ceux qui s'occupent de ces entreprises sont des hommes d'Etat, doit songer à l'avenir ; et jamais rien de plus grand, de plus noble, de plus utile n'a été entrepris et n'a mieux mérité d'être le but d'un grand pays. Jetons un coup d'œil sur l'avenir et voyons ce qui arriverait. J'admets que les propositions de Nubar eussent pu être acceptées par vous. Il arriverait quelque chose de bien triste. D'abord, la Compagnie serait ruinée, mais qu'à cela ne tienne ! je sais que c'est le but désiré ; passons là-dessus. Le canal se ferait-t-il ? Non. Je suis convaincu de l'impuissance de ces pays orientaux, et je vous dis nettement, non ! le canal ne serait pas fait. Le vice-roi que j'aime, que j'honore profondément ; de l'amitié duquel je suis fier, et auquel je conserve un bon souvenir pour l'accueil qu'il m'a fait et l'amitié qu'il m'a témoignée ; le vice-roi se croit de bonne foi, capable de faire le canal ; il se trompe. Tout à l'heure je serrais la main de quelqu'un, de M. Mougel-Bey, qui a fait le barrage du Nil. Savez-vous ce que c'est que le barrage du Nil? M. Mougel a dépensé vingt millions pour le faire, c'est-à-dire pour maintenir le niveau du Nil à une hauteur variable à volonté, pour inonder les terrains environnants par un immense barrage.

Vous savez que la fertilité de l'Egypte est en raison directe de l'eau dont on peut disposer pour irriguer les terres. Il y a dix ans qu'il est terminé, achevé complétement, sauf peu de chose, sauf des portes. Voilà tout ce qui y manque, et il faudrait pour cela dépenser un million, quinze cent mille francs au plus. Eh bien, ces portes, on ne les place pas, et le barrage est inutile. Le gouvernement égyptien est comme un homme qui perdrait ses pantalons, parce qu'il ne sait pas y coudre un bouton. (Hilarité.)

Les Orientaux en sont là, ils ne savent jamais coudre le dernier bouton. Voilà dix ans qu'ils ont dépensé 20 millions pour le barrage du Nil, et ils ne profitent pas de ses avantages : leurs terres perdent la fertilité que leur donnerait l'irrigation du fleuve ; ils perdent l'intérêt de l'argent qu'ils ont dépensé ; et tout cela pour ne pas savoir mettre des portes au barrage, pour ne pas vouloir dépenser 1 million ou 1,500,000 francs. Ne nous faisons pas illusion, voilà la puissance ou plutòt l'impuissance orientale prise sur le fait. Le vice-roi est de bonne foi, j'en suis sûr, il croit pouvoir terminer le canal : il ne le terminerait pas, les travaux se dégraderaient, rien ne se ferait, voilà la vérité. (Très-bien ! très-bien !)

Je me trompe, dans dix, quinze, vingt ans, quelque

chose se fera, parce que, croyez-moi, dans l'époque où nous sommes, avec l'idée de progrès qui domine aujourd'hui le monde, on n'arrête pas le mouvement des esprits; le canal de Suez sera creusé. Dans quinze ou vingt ans, lorsque le vice-roi aura montré son impuissance, il y aura là quelqu'un qui sera tout prêt, qui constituera une nouvelle Compagnie, et qui fera le canal. Savez-vous qui ce sera? Ce sera l'influence, les capitaux et les ouvriers anglais, voilà ma prédiction. (Très-bien! très-bien!)

Ainsi, lorsque votre Compagnie aura été ruinée sous les auspices du gouvernement égyptien, votre héritage futur arrivera dans un temps plus ou moins éloigné à une Compagnie rivale, qui profitera de votre argent, de vos études, de tout ce que vous avez fait. Devez-vous supporter cela? Non! à aucun prix. (Bravos prolongés.)

Et qu'est-ce qu'on ne nous a pas dit de ce canal, car on a essayé de tout pour l'entraver. On vous a d'abord dit, sous l'influence de ces messieurs, qui voulaient en savoir plus que vous, qui voulaient vous donner des conseils comme ils vous en donnent aujourd'hui, que le canal était impossible, que vous ne trouveriez pas d'argent. La possibilité a été démontrée par les hommes compétents; l'argent est venu, l'argent a été trouvé, grâce au patriotisme qui, Dieu merci! ne fait jamais défaut en France. (Applaudissements.) Courage donc! ne vous préoccupez pas des embarras d'un jour, et votre grande œuvre se finira; et dans l'avenir on ne verra que votre immense succès, les difficultés de détail auront disparu, et la postérité verra, accomplie par les enfants de la France, appuyés sur leur gouvernement, une des plus grandes et des plus glorieuses œuvres du monde. Voilà ce que vous ferez avec du courage et de la persévérance. (Applaudissements.)

J'ai à vous parler de la corvée que j'ai signalée en commençant. La corvée ! voilà le gros canon rayé avec lequel on veut battre en brèche la Compagnie. Moi, j'ai beaucoup de préjugés libéraux, je l'avoue ; j'ai l'amour-propre de croire comprendre et aimer la liberté, c'est un des côtés de mon caractère très-libéral. Eh bien ! je vous l'avouerai franchement : je déplore la corvée plus que personne, et plus que le gouvernement égyptien lui-même, ne lui en déplaise. (Sourires.)

Voulez-vous que je vous dise ce que c'est que la corvée? C'est une détestable institution qui date des Pharaons, qui vient de très-loin, comme vous voyez, qui est peut-être inhérente à la configuration de l'Egypte. Vous savez ce que c'est que l'Egypte, c'est un long boyau, un long canal, avec un fleuve très-riche et en même temps très-dangereux, coulant au milieu, et qui porte en même temps dans ses ondes la richesse, si on sait le contenir ; la ruine, s'il déborde trop ; et il faut, à chaque instant de l'inondation, avoir une motte de terre à la main pour arrêter l'eau.

Cette constitution physique du pays a certainement exercé une grande influence sur sa constitution morale : de là, l'origine de la corvée.

Moi, avec mes sentiments d'enfant de 89, avec mes aspirations de liberté, de travail libre, je ne veux la corvée à aucun prix ; je me sentais gêné, je l'avoue, par cette espèce d'argument qui était mis en avant par le gouvernement égyptien : d'une compagnie française n'ayant pas fait naître la corvée, mais en profitant. Cela me tourmentait ; cela pesait sur ma conscience et mon esprit : je me retournais de tous les côtés pour voir comment je me débarrasserais de ce poids.

Rappelez-vous que la corvée, la Compagnie l'a trouvée,

elle l'a un peu améliorée, je tiens à le constater ; car, jusqu'à présent, ces malheureux ouvriers n'étaient pas payés du tout. On vous dit que vous les payez peu ; mais, avant la Compagnie, on ne les payait pas du tout, si ce n'est à coups de bâton et en mauvais traitements. C'est ainsi, messieurs, on ne peut le nier, que les choses se sont passées en Egypte lors de la construction du chemin de fer d'Alexandrie au Caire, et du Caire à Suez surtout. Mais j'avais oublié quelque chose qui me vient à l'esprit, permettez-moi de le dire, c'est qu'au point de vue du droit, et je suis bien informé, le gouvernement égyptien a demandé et obtenu, je ne dis pas un firman, mais une lettre vizirielle pour le chemin de fer d'Alexandrie au Caire.

Quant à celui du Caire à Suez, il n'y a eu ni firman, ni lettre vizirielle, ni autorisation même après l'achèvement des travaux. Ainsi, cette mise en demeure de la Porte se trouve combattue par les antécédents du gouvernement égyptien, qui a fait exécuter ce chemin par une compagnie anglaise sans autorisation de la Porte. Ceux qui l'ont exécuté devraient se rappeler quelles sont les horreurs dont ces travaux ont été la cause quand ils ne sont pas dirigés par un Français et par un esprit humanitaire et bienfaisant. Qu'ils se souviennent et qu'ils comptent, s'ils l'osent, les cadavres qui encombraient le chemin du Caire à Suez, un jour que l'eau a manqué aux travailleurs !

Ah ! ce n'étaient pas des Français qui dirigeaient ces corvées ! (non ! non !) Qu'ils comparent ces corvées conduites avec inhumanité, avec brutalité, qu'ils les comparent avec celles que conduisent les ingénieurs français. Qu'ils interrogent les fellahs, et les fellahs répondront que jamais ils n'ont été mieux traités, ni avec plus de bienveillance qu'aujourd'hui.

Ceci est bien constaté. Que la Compagnie de l'isthme de Suez ait profité de ce que j'appelle hautement un mal, c'est vrai, car je n'en veux pas de la corvée. (Bruyants applaudissements.) Elle en a profité en rendant supportable ce qui avant elle était bien plus mauvais, détestable, intolérable.

Eh bien, si les propositions qu'on vous a faites avaient été acceptées, croyez-vous que la corvée serait abolie ? Non, messieurs. Je m'expliquerai franchement, comme j'ai promis de le faire; c'est chose souvent dangereuse pour un homme qui parle en public, d'oser prédire l'avenir qui peut lui donner un démenti; mais je suis si convaincu, que j'aime à vous ouvrir tout mon cœur. (Bravo! bravo!) Non, la corvée ne sera pas abolie en Egypte; elle ne le sera pas de sitôt. On ne vous donnera plus 20,000 travailleurs, on vous en donnera 6,000, et puis ces 6,000 on vous les supprimera.

Croyez-vous que la corvée sera abolie pour cela en Egypte? Point du tout, messieurs, elle sera abolie pour la Compagnie; mais elle ne le sera pas pour les terres à coton et à sucre du vice-roi et de messieurs les gros pachas. (Applaudissements.) Elle ne sera pas abolie, elle sera maintenue pour les malheureux fellahs forcés d'aller cultiver le coton et le sucre. Ne vous laissez donc pas séduire par des mots, par des grimaces. Ce sont de mauvaises plaisanteries. On abolira la corvée pour le canal, on ne l'abolira pas en Egypte; on la conservera et on la conservera soigneusement au profit de messieurs les pachas. (Très-bien! très-bien!)

Messieurs, ce que je trouve très-mauvais, car je suis de mon temps, et si je suis sans intérêt personnel dans votre affaire, je prends grand intérêt à la question politique et d'humanité, ce que je trouve très-mauvais et ce qui arri vera, c'est ceci : on abolira la corvée pour vous, et on ne l'abolira pas en Egypte. (Très-bien ! très-bien !)

Cependant, en cherchant bien, le remède est près du mal. Je me suis demandé : N'est-il pas possible d'abolir cette fâcheuse institution de la corvée pour le canal ? Et alors, recherchant les exemples qui ressemblent à cette vilaine institution, je me suis rappelé le fait bien plus mauvais, bien plus détestable, bien plus exécrable de l'esclavage ; je me suis demandé comment avaient fait les peuples qui avaient voulu abolir l'esclavage, et je me suis rappelé l'exemple de notre Convention, de l'Angleterre, de la seconde république de 1848, qui a eu le grand, l'insigne honneur d'abolir l'esclavage. Je me suis demandé : Comment ont-ils fait, ces grands pouvoirs qu'on n'accusera pas d'être réactionnaires ? Comment ont-ils aboli l'esclavage ? Ils l'ont abol moyennant indemnité, c'est-à-dire en respectant jusqu'à un certain point le droit exagéré de la propriété humaine.

Je veux vous raconter une anecdote : je me souviens que, dans une réunion, lors de l'agitation anglaise pour l'abolition de l'esclavage, je me souviens d'un argument qui m'est resté dans la mémoire. Un orateur, avec des paroles plus éloquentes assurément que celles que j'ose prononcer devant vous, disait, au sujet du rachat des esclaves : « Oui, l'indemnité pour les esclaves doit être comme une amende que la société doit s'infliger à elle-même, pour avoir si longtemps permis l'esclavage, cette mauvaise, cette détestable institution : ce n'est pas un rachat, c'est une amende qu'elle se doit à elle-même de payer, et qu'elle doit remettre entre les mains des propriétaires d'esclaves. »

La corvée est une institution bien moins odieuse ; elle vous blesse cependant ; elle me blesse plus que vous : faisons-en justice, et voici ma solution. Si le gouvernement égyptien est si patriotique, si amoureux du progrès, ah! je ne demande pas mieux; il va au-devant de mes vœux les plus ardents, qu'il soit béni! je l'admire et je le remercie. (Bravo! bravo!) Votre Compagnie a des traités avec le gouvernement égyptien, basés sur des devis qui établissent le chiffre des dépenses qu'elle avait à faire. Le mètre cube revient à tant, à la condition qu'on fournisse une corvée de 20,000 individus. Le mètre cube, si je ne me trompe, revient, l'un dans l'autre, à 70 ou 80 centimes. Eh bien, si le vice-roi veut revenir sur ces traités, rien de plus facile, il n'a qu'à faire la différence entre le prix du mètre cube fait par les corvées et le mètre cube fait par des travailleurs libres ou des machines. Je crois que le travail libre coûte à peu près le double; eh bien, il n'y a qu'à demander au vice-roi la différence entre le mètre cube exécuté par la corvée et le mètre cube exécuté par le travail libre; car enfin, la Compagnie ne doit pas payer les frais de l'émancipation en Egypte, quelque louable qu'elle soit.

La Compagnie peut dire au vice-roi : La corvée existait chez vous, ce n'est pas moi qui l'ai créée, j'en ai profité parce que tel a été votre bon plaisir. Vous me demandez de l'abandonner, je le veux bien, mais je ne suis pas obligée de faire de la philanthropie en Egypte à mes frais. Que l'Egypte ne cherche pas à faire de l'humanité sur le dos de la Compagnie. Nous, patriotes français, payons notre gloire; mais payer la gloire et la philanthropie musulmanes, ce serait folie, insanité d'esprit. Si votre Conseil avait accepté cette condition sans compensation, il mériterait, messieurs, d'être conduit aux Petites-Maisons, ou en police correctionnelle. (Très-bien! très-bien!)

Que le vice-roi d'Egypte vienne vous demander un acte

de patriotisme, qu'il vienne vous demander, à vous, d'émanciper ses fellahs ; non, cela n'est pas possible, cela n'est pas raisonnable, cela ne soutient pas l'examen ; il n'y a pas un homme sérieux, pas un homme de bonne foi qui puisse le demander.

Ce que doit faire la Compagnie, ce qu'elle fera, c'est de se montrer conciliante, parce qu'après tout, la politique c'est souvent l'art de concilier les principes avec les intérêts.

Assurément, vous pouvez vous retrancher derrière vos contrats authentiques avec le gouvernement égyptien ; mais, y a-t-il pour vous un bien grand avantage ? Après avoir constaté, avec toute la conviction dont je suis capable, vos droits, la bonne direction que vous avez imprimée à vos travaux, l'excellente conduite que vous avez tenue jusqu'à présent ; eh bien, je vous dirai (de ma part rien ne vous sera suspect, c'est un ami désintéressé, dévoué qui vous parle), je vous dirai : soyez conciliants. Oui, il le faut, il le faut dans l'intérêt de tout le monde, il le faut dans l'intérêt de l'Egypte, qui est liée vis-à-vis de vous, et qui ne peut rien faire sans vous. Il le faut dans l'intérêt de la Compagnie, car la Compagnie doit être appuyée par le vice-roi ; elle a tout à gagner à la conciliation. Les efforts réunis du vice-roi et de la Compagnie ne sont pas de trop, croyez-moi. Pour cette œuvre du canal de Suez, n'abandonnez aucune de vos forces, si vous voulez réussir, mais soyez conciliants et adoptez ce que je considère comme juste, comme faisable. Faites disparaître cette corvée, qui est mon cauchemar.

Un exemple se présente à mon esprit, je le trouve en Egypte même : il est d'hier. Un bassin se creuse à Suez par les Messageries impériales. Je ne serai pas démenti par l'ancien directeur des Messageries, aujourd'hui ministre des travaux publics, l'honorable M. Béhic. Ce travail devait être fait moyennant une corvée fournie par le gouvernement égyptien. Le traité est conclu. Et puis, le gouvernement égyptien trouva qu'il lui coûtait plus cher d'envoyer ses travailleurs, et qu'il aurait beaucoup plus d'avantages à les garder, qu'il trouverait mieux son compte à ce que le bassin fût creusé par le travail libre que par le travail forcé, parce que, depuis le traité avec les Messageries, il s'était passé de l'autre côté de l'Océan de grands événements qui avaient changé la condition agricole de l'Egypte. Le coton, autrefois très-bon marché, était très-cher, il y avait de gros bénéfices pour l'Egypte à le cultiver depuis qu'elle ne craignait plus la concurrence américaine. Le vice-roi, qui est très-intelligent et bon calculateur, s'est dit :

« Je fournis aux Messageries impériales des travailleurs de la corvée, c'est une erreur ; j'aurais bien plus d'avantages à garder ces hommes sur mes terres à coton et à sucre. » Et il a proposé à M. Béhic de ne plus lui fournir des ouvriers par la corvée, en parlant aussi de l'humanité qui s'y opposait. L'humanité! ah! c'est une si belle chose, même pour les Orientaux. (Rires.) M. Béhic lui a répondu : « Vous avez raison, l'humanité est une excellente chose ; mais calculons ce que, pour nous, coûtera votre humanité? » Et le gouvernement égyptien, après avoir beaucoup compté, beaucoup calculé ; après avoir fumé beaucoup de pipes et pris beaucoup de café, finit par s'exécuter et par payer, si je ne me trompe, trois millions et quelques cent mille francs à la Compagnie des Messageries, afin de remplacer, pour le creusement du bassin de Suez, la corvée à laquelle il était engagé par le travail libre.

Eh bien, qu'il fasse de même pour la Compagnie de Suez. (Bravo! bravo!)

Je reprends la discussion des autres points.

Le canal d'eau douce est fait, personne ne peut conseiller à la Compagnie de le céder ; elle en a besoin pour achever le canal maritime, elle en a besoin pour transporter les pierres de la carrière de Gebel-Geneffé ; il n'y a donc pas à s'occuper de la cession du canal d'eau douce.

Le gouvernement égyptien veut rentrer dans les concessions de terres qu'il vous a faites? Mon Dieu! pourquoi vous y refuser? C'est un compte à faire entre vous et lui. Cette question a une certaine gravité, et je vous demande la permission de m'y arrêter.

Chez nous, à Paris surtout, on ne respecte peut-être pas toujours assez la propriété particulière. Il y a ce qu'on appelle l'expropriation pour cause d'utilité publique, qui permet de vous dépouiller, à prix d'argent, et vous savez si on en use (rires); cela coûte beaucoup d'argent, mais cela peut se faire, c'est légal.

Les Orientaux ne savent pas ce que c'est que l'expropriation : ils y viendront peut-être ; je le leur souhaite moins que pour beaucoup d'autres choses. (Sourires.) Je ne leur en fais pas mon compliment.

La base de toute expropriation, c'est la valeur. Si l'on veut vous déposséder de vos terres, il faudra bien qu'on vous indemnise, qu'on vous en donne le prix.

Je crois qu'il est impossible d'apprécier aujourd'hui la valeur des terrains dont vous êtes concessionnaires. Vous êtes concessionnaires de toutes les terres que vous pouvez arroser et fertiliser avec le canal d'eau douce.

Toutes les fois qu'il y a de l'eau en Egypte, il y a de la

fertilité, et toutes les terres que vous pouvez arroser vous appartiennent à perpétuité d'après le droit musulman. Aujourd'hui on ne peut pas vous dire, elles valent tant, abandonnez-nous-les pour tel prix, parce qu'aujourd'hui ces terres ne valent rien. Telle une terre qui est stérile et improductive, avant qu'un chemin de fer ou un canal soit fait, acquiert une valeur qui est inappréciable tant que ce chemin de fer ou ce canal n'est pas fait. Leur valeur ne peut donc pas être appréciée aujourd'hui, cela est incontestable. Mais il y a un moyen de s'entendre. Pourquoi n'admetteriez-vous pas comme base future le rachat après l'achèvement des travaux ? Pourquoi ne diriez-vous pas : dans deux ans, dans trois ans, certains lots de terrains seront successivement rachetés par le vice-roi, selon la valeur qui leur aura alors été reconnue par une estimation loyale et réciproque. Vous saurez alors ce que vous vendrez. Mais si vous vendiez aujourd'hui ces terrains, dont la valeur n'est pas appréciée et n'est pas appréciable, ce serait ruine ou folie : ou vous vendriez pour rien, en faisant payer la valeur actuelle, ou vous devriez demander un prix exagéré quant à présent. Il faut donc attendre que vous sachiez ce que valent vos terres pour les vendre.

Aujourd'hui, faites un arrangement, pour vendre par rachat, à l'amiable, successivement et partiellement vos terrains ; n'agissez pas autrement.

Si l'on pouvait arriver à une conciliation encore pour les terrains, il me semble que la plus grande partie des difficultés du percement de l'isthme serait résolue.

Pour obtenir ce résultat, quelle est la seule marche à suivre ? Une marche toute simple ; appelez la lumière et la discussion sur vos affaires ; elles ne peuvent qu'y gagner. Toutes les fois qu'on discutera franchement, loyalement, vous en sortirez victorieux. Vous n'avez à craindre que l'obscurité et les ténèbres, ne vous y laissez pas surprendre. Les ténèbres sont contre vous, la lumière est en votre faveur. (Bravo! bravo!)

Eh bien, discutez, et n'oubliez pas que vous êtes les défenseurs obligés, nécessaires, de vos actionnaires; discutez dans leur intérêt et dans l'intérêt de l'honneur de la France, que vous représentez dans cette affaire. Si vous suivez cette voie ferme et conciliante, tâchez de vous entendre d'abord directement avec le vice-roi; et si tout échoue, s'il vous demande ce que vous ne devez et ne pouvez pas céder, et s'il veut vous opprimer sous la menace de la Porte, alors adressez-vous au gouvernement de l'Empereur. Il faut que tout cela passe par la voie régulière et officielle du ministère des affaires étrangères, et non par ceux qui sont étrangers à vos affaires.

Agissez en plein soleil. Qu'est-ce que c'est que ces arbitres, que ces avis, que ces interventions dont on fait tant de bruit? Je n'en sais rien, et je n'en veux rien savoir. Ne vous occupez pas de cela, tout ce qui ne se fait pas au grand jour officiel, tout ce qui affecte l'ombre est mauvais. (Bruyants applaudissements.)

Encore une fois, vous n'avez rien à craindre, marchez en avant, marchez au grand jour de l'opinion publique. Exposez, développez vos idées, vos projets, ne cachez rien; mais marchez régulièrement, honnêtement, comme vous l'avez toujours fait.

Permettez-moi de déclarer, en terminant ce trop long discours, que vous ne devez attribuer aucune attache officielle à ce que je viens de vous dire. Si j'ai un défaut, je l'ai, et il me sera difficile de m'en corriger, c'est celui d'une extrême franchise. Tout ce que je vous ai dit, c'est mon opinion individuelle, personnelle ; elle n'engage que moi seul. Cependant, je suis tellement convaincu de la bonté de la cause que je viens de défendre, de la justesse des idées que je viens d'émettre, que si l'opinion publique les adopte, j'aime à espérer que le gouvernement les approuvera aussi. J'ai confiance dans le gouvernement de l'Empereur, protecteur naturel des droits des citoyens français à l'étranger. (Applaudissements prolongés.)

Toutes les relations de la presse sont d'accord pour constater le profond effet produit sur l'assemblée entière par cette improvisation. La vérité est qu'à peine le dernier mot en était-il prononcé, la salle éclatait en une puissante et unanime acclamation qui, après s'être prolongée plusieurs minutes, ne s'arrêtait que pour recommencer, et d'après ce que nous avons dit de sa composition, certes les bons juges et les juges compétents ne manquaient pas dans cet auditoire.

Ces émotions un peu calmées, M. Ferdinand de Lesseps a répondu au prince en ces termes :

DISCOURS

de M. Ferdinand de Lesseps.

Monseigneur, Messieurs,

Après les éloquentes et généreuses paroles que nous venons d'entendre, ce n'est point sans embarras que je me lève, même pour remplir un devoir, le devoir d'exprimer au nom du Conseil d'administration et de son président l'hommage de remercîments et de reconnaissance qu'ils vous adressent du fond du cœur. (Applaudissements.)

Mais ceux auxquels vous décernez les honneurs de cette imposante manifestation savent se rendre justice, ils n'en acceptent que la plus humble part.

Une pensée plus haute les domine.

En parcourant du regard cette vaste assemblée, ils se disent : Il y a ici l'attestation d'un fait moral immense ; ici apparaît la preuve que notre pays n'a rien perdu de ce vieux sens national qui l'a toujours rallié autour du drapeau du progrès et de la civilisation des peuples.

Ici se trouve le plus puissant encouragement, dans le présent et dans l'avenir, pour les hommes de dévouement et de bonne volonté qui veulent se consacrer aux œuvres du bien public. (Nouveaux applaudissements).

Ici est l'esprit de la France, le secret de son action expansive. (Très-bien ! très-bien !)

Le 29 décembre dernier, une fête pacifique, la fête du travail, se célébrait à Suez. Un fleuve s'élançait à travers des solitudes condamnées à une désolation séculaire. Les populations musulmanes accourues au passage de l'eau douce y plongeaient leurs mains, y mouillaient leurs lèvres pour se convaincre que c'était bien le Nil béni. Au milieu de ses coréligionnaires un vieillard s'écriait : « Les chrétiens sont donc aussi les enfants de Dieu! Ils sont nos frères! »

La fraternité des races et des croyances se révélait à la foule étonnée, et, le même jour, l'aile de l'électricité répandait en Europe cette nouvelle : « les deux mers sont réunies! le Nil est à Suez! »

Le Nil à Suez! c'est pour l'Egypte une province ajoutée à son riche territoire. C'est la vie, c'est la prospérité du port oriental de l'Egypte, que vous avez affranchi de l'étreinte aride du désert.

Ainsi, le premier résultat de votre entreprise a été un bienfait pour le pays auquel vous aviez, avec tant de confiance, apporté vos épargnes et vos capitaux.

Vous avez répondu à l'acclamation égyptienne par une manifestation digne de la pensée universelle qui a créé notre œuvre.

Où pourrions-nous trouver une expression plus complète du sentiment public? (Acclamations.)

Nous avons ici des représentants de toutes les opinions, de toutes les intelligences, de toutes les professions.

Vous avez, par le concours de vos adhésions isolées, formé un ensemble qui est le résumé de notre société française.

De nombreuses députations départementales ont voulu venir joindre leurs voix à celles de Paris.

Sans mot d'ordre, sans projet préconçu, vous voilà tous groupés dans ce palais de l'industrie universelle. Vous donnez ainsi une preuve spontanée de l'unité et de la solidarité nationales, le témoignage d'une volonté unanime au jour des difficultés et pour la défense commune. (Vive approbation.)

Mais, Messieurs, n'oublions pas qu'en cette occasion la France partage avec d'autres peuples l'honneur d'accomplir une œuvre d'utilité générale. La présence au milieu de nous de nos collaborateurs étrangers dit assez le concours que cette œuvre a reçu de toutes les nations amies.

Le canal de Suez n'est pas l'apanage de quelques hommes, il n'est même pas l'apanage d'une nation ; il doit sa naissance et il appartient à une aspiration de l'humanité, aspiration irrésistible parce qu'elle est unanime, parce qu'elle est le besoin et en quelque sorte la consécration d'une époque.

Dès le début, l'opinion publique l'a adopté, l'a soutenu.

Le plan que nous exécutons a été le travail des plus éminents ingénieurs de l'Europe. Chacun a prêté son concours : la presse son influence, la science sa sanction, l'art et la poésie leur popularité, les actionnaires leurs capitaux, les masses leurs acclamations, les gouvernements leur protection ou leur sollicitude. (Applaudissements.)

La vapeur, les chemins de fer, l'électricité avaient rapproché les distances ; l'Occident, resserré dans des limites trop étroites, étouffait au milieu des merveilles de son industrie ; il cherchait une issue et une carrière plus vastes. Il sentait qu'il faut aujourd'hui les trouver en dehors des révolutions et des guerres.

Un grand orateur disait : « On ne peut regarder la carte du monde sans éprouver l'ardent désir de couper cette langue de terre qui sépare les deux mers. » Ce désir, notre âge a résolu de le satisfaire.

C'est le souffle du siècle qui gonfle nos voiles et nous conduira au port.

Qnand l'histoire racontera cet événement, elle reléguera à leur modeste place les efforts des individus.

Elle dira : « Ce que les temps anciens n'avaient pas osé entreprendre le XIXe siècle l'a voulu et l'a accompli. » (Bravo ! bravo !)

Courage donc ! et persévérance ! Notre nom est légion. Nous avons pour nous le droit et la vérité.

Nous avons une idée juste pour levier et l'intérêt du monde pour point d'appui.

Comment, avec de telles forces, pourrions-nous ne pas triompher des obstacles semés sur la route de tous les travailleurs, obstacles mesurés avec justice par la Providence en proportion de l'utilité et de la grandeur du but poursuivi par ses humbles instruments.

Une parole aimée nous conviait tout à l'heure à la conciliation. Jamais conseils ne seront écoutés avec plus de docilité et de respectueuse sympathie.

La conciliation ! mais elle est notre principe ; elle est notre raison d'être, elle est le premier de nos devoirs et de nos intérêts.

Nous avons été institués pour ouvrir une route nouvelle, domaine commun de tous les peuples, sans exception ni privilége, et c'est encore une des gloires de notre pays de ne point vouloir de priviléges.

Le hasard des circonstances et des situations a donné l'initiative à la France ; mais elle n'entend et nous n'entendons travailler pour elle qu'en travaillant pour tous. (Approbation.)

Nos plus ardents adversaires savent combien de fois nous leur avons tendu une main franche et loyale.

La conciliation ! nous la voulons, nous l'appelons comme vient de le faire notre noble protecteur, mais telle qu'il l'a définie lui-même : *avec la reconnaissance des droits acquis ; avec le maintien des contrats ; avec le respect de la foi publique ; avec la satisfaction des intérêts confiés à notre honneur.*

Ce n'est pas sans une vive émotion, Monseigneur, que nous avons entendu Votre Altesse Impériale nous entretenir de sa visite aux travaux de l'isthme, où sa présence a laissé à tous une si profonde impression d'attachement pour sa personne, et une si grande confiance dans l'avenir.

C'est à l'œuvre que vous avez jugé les ouvriers. Permettez-moi de vous dire un mot de ceux qui es font agir et en sont les soutiens persévérants.

Les actionnaires du canal de Suez sont dignes de l'honneur que vous leur faites en ce moment. Sortis de tous les rangs de la société et presque tous étrangers aux spéculations aléatoires, ils se sont constamment montrés moins touchés de leurs intérêts financiers que du succès civilisateur de leur œuvre. Ils envisagent, avant tout, la grandeur morale du but qu'ils poursuivent. Ils n'ont fléchi devant aucune épreuve; ils ne reculeraient devant aucun sacrifice; mais heureusement ils n'auront point à en faire; et la prochaine réalisation de l'entreprise leur assure déjà la juste récompense de leurs efforts.

Dans les jours de crise combien nous ont écrit: « Sauvez le canal et ne pensez pas à nous. » Leur constance a soutenu la nôtre, leur fermeté a été la base de nos résolutions. Ce n'est pas sans admiration et sans attendrissement que nous rappelons ce que nous devons à leur concours, à leur confiance inébranlables. Ils méritent, Monseigneur, d'être appréciés et secondés par un homme tel que vous.

Vous êtes et vous serez leur appui, à côté de notre bien-aimée souveraine que l'on a appelée l'Isabelle la Catholique de l'isthme de Suez, à côté de l'Empereur qui tient si haut le drapeau de la France.

Permettez-moi, Monseigneur, de mêler à l'expression de nos sentiments pour vous un hommage que vous accueillerez avec cordialité, parce qu'il s'adresse à un prince dont vous avez été l'hôte, et d'y joindre un souvenir qui ne cessera de vivre dans notre reconnaissance.

A la mémoire de Mohammed-Saïd!

A. S. A. Ismaïl, vice-roi d'Égypte !

A vous, *Monseigneur*, *de tout cœur*, au nom du Conseil, des actionnaires et des travailleurs du canal de Suez.

Vive Son Altesse Impériale le Prince Napoléon !

(Acclamations réitérées.)

L'illustre procureur général de la Cour de cassation, M. Dupin, a voulu porter aussi dans les grandes questions que le prince avait examinées, le poids de sa parole, et voici l'allocution substantielle et significative qu'il a improvisée avec cette verve et ce bonheur d'expression qui restent toujours jeunes.

DISCOURS

de M. Dupin.

Messieurs,

C'est me rendre un mauvais service et me mettre dans un véritable embarras, que d'insister pour que je prenne la parole après les deux discours que vous venez d'entendre et d'applaudir.

Le prince Napoléon a visité l'Égypte : il a tout vu, et bien vu, et il vient de vous retracer ses souvenirs et ses impressions avec éloquence, chaleur et conviction.

M. de Lesseps, directeur de la Compagnie, dépositaire de ses intérêts, vous a rendu compte de son mandat.

Chacun a parlé de ce qu'il connaissait parfaitement.

Pour moi, je n'ai rien vu, je n'ai rien fait ; je ne puis donc rien ajouter à ce qu'ils ont si bien dit ; et si je cède à vos désirs en vous adressant quelques mots, ce ne peut être que pour vous exprimer mes sentiments personnels.

J'ai toujours fait des vœux pour le percement de 'isthme de Suez. J'étais frappé de la grandeur du projet et de l'utilité dont il devait être pour les relations et le commerce des nations.

Il y a plus de vingt ans que, devant la Chambre des députés, j'avais ainsi formulé mon opinion : *Liberté des deux Bosphores !* comme si déjà le canal de Suez eût été exécuté! (Applaudissements.)

Depuis, ce dessein a été repris. Une Compagnie s'est formée, puissante en nombre et en capitaux, réunis par un appel fait à toutes les nations. Cette Compagnie (c'est la vôtre) a mis à sa tête un homme actif, ferme et résolu.

M. de Lesseps, secondé par d'habiles ingénieurs, a ouvert et installé les travaux. Ils ont été conduits avec intelligence, hardiesse et persévérance. D'importants résultats sont déjà réalisés; l'eau du Nil est arrivée jusqu'à Suez; et M. de Lesseps a vérifié dans sa personne cet adage : *Tant vaut l'homme, tant vaut la terre;* tant vaut aussi la place et la fonction. (Vive approbation.)

De grandes difficultés ont été surmontées : d'autres vous sont encore suscitées; mais, comme on vous l'a dit : avec un sage esprit de conciliation, on parviendra à mettre le droit d'accord avec les intérêts et les prétentions.

La Porte Ottomane ne voudra certainement pas exagérer son droit de suzeraineté nominale, et en abuser pour entraver une entreprise qui importe essentiellement à la prospérité d'un pays qu'elle ne gouverne pas, et dont l'administration héréditaire est confiée à une dynastie intelligente, et qui s'éclaire chaque jour davantage. La suzeraineté ne pourrait intervenir que si l'indépendance de l'Égypte était réellement menacée ; mais elle n'a pas droit de s'immiscer dans des entreprises industrielles et de descendre jusqu'à la discussion des intérêts privés. (Vives acclamations.)

Pour ce qui est de l'Angleterre, elle a souvent, il est vrai, essayé de contrarier votre entreprise et de bouleverser vos travaux, à l'aide de sa diplomatie envieuse et tracassière. Mais l'Angleterre, qui, pendant bien des années, a fait peur à tout le monde, l'Angleterre aujourd'hui semble avoir peur de tout. (Applaudissements répétés.)

Il est donc permis de croire qu'elle ne fera pas la guerre pour le canal de Suez, et qu'elle se consolera de voir les autres peuples s'en servir avec avantage, en réfléchissant qu'elle-même, plus qu'aucun autre, en tirera profit.

Quant au gouvernement français, son appui, s'il était nécessaire, ne saurait manquer à une entreprise aussi utile en elle-même que glorieuse pour le nom français.

Messieurs, lorsqu'à la fin du xve siècle, les Portugais doublèrent, pour la première fois, la pointe de l'Afrique, pour y chercher par un trajet de trois mille lieues un passage aux Indes, le cap, qui s'appelait d'abord le *cap des Tempêtes,* reçut bientôt le nom de *cap de Bonne-Espérance.*

Le canal de Suez, sur lequel aussi on a essayé d'amonceler des orages et de faire gronder des tempêtes, est dès à présent pour nous le canal *de Bonne Espérance.*

Je termine en proposant une acclamation à l'heureux et entier achèvement du canal de Suez! (Applaudissements prolongés.)

L'impression produite par ce discours et surtout par sa partie en quelque sorte juridique, a, comme on le pense, été considérable. Elle ne sera pas moindre au dehors, et voici comment deux journaux d'un ordre différent caractérisent l'opinion exprimée par le savant légiste sur les difficultés suscitées à la Compagnie universelle.

« Enfin, dit le *Journal des Débats*, dans une heu-
» reuse et spirituelle allocution, M. Dupin est venu
» pour ainsi dire apporter ses conclusions en faveur
» de la Compagnie sur la question de droit soulevée
» par le gouvernement égyptien. »

Le *Moniteur industriel* ajoute :

« On dit que le gouvernement ottoman fait con-
» sulter à Paris sur la révocabilité possible des con-
» trats de la Compagnie. Nous lui recommandons la
» lecture de cette opinion de M. Dupin, l'un des chefs
» de la magistrature française, après avoir été l'une
» des plus grandes illustrations de notre barreau. »

La série des toasts étant épuisée, le banquet était terminé, et le Prince est rentré dans son salon, entouré, salué de nouvelles acclamations. Les mêmes manifestations l'ont accompagné à son départ du palais.

Après s'être encore quelque temps entretenue des

grands incidents de cette soirée, la foule s'est retirée vers 10 heures et demie, avec l'ordre remarquable qui n'a cessé de régner constamment pendant toute la durée de cette admirable manifestation, dont la presse périodique a déjà fait retentir le monde, et dont le public tout entier applaudit et reconnaît l'importance et l'autorité.

IMP. CENTRALE DE NAPOLÉON CHAIX ET Cᵉ, RUE BERGÈRE, 20. — 1950.